Marten Leissing

Zur moralischen Qualität der Marktwirtschaft: Die Ansätze von F.A. von Hayek und Ludwig von Mises im Vergleich

Wirtschaft und Moral

GRIN Verlag

Bibliografische Information der Deutschen Nationalbibliothek:

Die Deutsche Bibliothek verzeichnet diese Publikation in der Deutschen National-
bibliografie; detaillierte bibliografische Daten sind im Internet über http://dnb.d-
nb.de/ abrufbar.

Dieses Werk sowie alle darin enthaltenen einzelnen Beiträge und Abbildungen
sind urheberrechtlich geschützt. Jede Verwertung, die nicht ausdrücklich vom
Urheberrechtsschutz zugelassen ist, bedarf der vorherigen Zustimmung des Verla-
ges. Das gilt insbesondere für Vervielfältigungen, Bearbeitungen, Übersetzungen,
Mikroverfilmungen, Auswertungen durch Datenbanken und für die Einspeicherung
und Verarbeitung in elektronische Systeme. Alle Rechte, auch die des auszugsweisen
Nachdrucks, der fotomechanischen Wiedergabe (einschließlich Mikrokopie) sowie
der Auswertung durch Datenbanken oder ähnliche Einrichtungen, vorbehalten.

Impressum:

Copyright © 2012 GRIN Verlag GmbH
Druck und Bindung: Books on Demand GmbH, Norderstedt Germany
ISBN: 978-3-656-49546-8

GRIN - Your knowledge has value

Der GRIN Verlag publiziert seit 1998 wissenschaftliche Arbeiten von Studenten, Hochschullehrern und anderen Akademikern als eBook und gedrucktes Buch. Die Verlagswebsite www.grin.com ist die ideale Plattform zur Veröffentlichung von Hausarbeiten, Abschlussarbeiten, wissenschaftlichen Aufsätzen, Dissertationen und Fachbüchern.

Inhaltsverzeichnis

Einleitung

Wenn ein Schüler populärer als sein Lehrmeister wird, sollte sich die Frage stellen: Welche Aspekte hat der Lehrmeister in seiner Theorie übersehen respektive nicht ausreichend behandelt? In wie fern profitierte der Schüler von dem Gedankengut seines Mentors? Was übernahm dieser?

Diese Fragen stellte ich mir nach der Bearbeitung der Lektüren von Ludwig v. Mises und von F.A. von Hayek, welche zum Großteil von Ingo Pies aufgearbeitet wurden. Gleichzeitig stellt dieses auch meine Basisliteratur dieser Seminararbeit dar.

Beide Autoren sind Ende des 19. Und Anfang des 20. Jhd. einzuordnen. Sie sind in der Österreichischen Schule der Nationalökonomie einzugruppieren. Ludwig von Mises Theorien erlangten zwar Bekanntheit, allerdings katapultierte einer seiner Schüler – F.A. von Hayek – seine Theorien, die Hayek als Basiswissen nutzte, in ungeahnte Höhen der gesellschaftspolitischen Relevanz. Die genannten Verfasser waren beide Verfechter des Liberalismus. Die nachfolgenden Punkte meiner Seminararbeit beschäftigen sich nun mit der Herausstellung von Unterschieden und Gemeinsamkeiten bezüglich der jeweiligen liberalistischen Standpunkte.

Zunächst stelle ich den Ansatz von Ludwig von Mises vor (s.h. Punkt 1), seine Einstellung zum Sozialismus (s.h. Punkt 1.1) ist ausschlaggebend, dass er sich vollständig dem Liberalismus widmet (s.h. Punkt 1.2). Folgend beleuchte ich Ludwig von Mises als Moraltheoretiker (s.h. Punkt 1.3). Anschließend gehe ich näher auf Mises Argumentationsprozesse ein, wie er es vermag Problemstellung und Problembearbeitung so aufeinander zu beziehen, dass diese Theorie in der Praxis angewendet werden kann.[1]

---

[1] Vgl. Pies, (2009; Seite 5)

1. Der Ansatz von Ludwig von Mises/ Einleitung

Um die ökonomische Argumentationswissenschaft Mises richtig zu verstehen, ist es zunächst einmal wichtig, sich den geschichtlichen- sowie politischen Kontext des Verfassers zu vergegenwärtigen. Zusätzlich kann man seine Auffassungen über eine geeignete Staats- und Gesellschaftsform anhand seiner Kritik über den Sozialismus, seine eigene Vorstellung eines Liberalismus und seine ethischen- und moralischen Normvorstellungen für die Gesellschaft, veranschaulichen[2].

Mises wurde 1881 geboren und starb im Alter von 92 Jahren. Da seine Eltern jüdischer Herkunft waren und er vehement eine anti-sozialistische Haltung vertrat, wurden viele seiner Werke von der Umwelt nicht anerkannt. Auch in seinem Amt als Dozent war er von seinen Kollegen nicht angesehen und seine Studenten wurden gegen ihn aufgehetzt. Nicht nur private Unstimmigkeiten beeinflussten sein Schreiben, auch beide Weltkriege und das Verhalten der Gesellschaft, die er durch seine Schriften aufzurütteln versuchte, ließen ihn pessimistisch und starrsinnig werden. Der Autor, Ingo Pies versucht so unter anderem in seinem Diskussionspapier den scharfen Ton, die harten Urteile und Unnachgiebigkeit Mises zu erklären[3]. Des Weiteren muss betont werden, dass Mises zwar ein „politisches Problem" hat, dieses aber wissenschaftlich zu beantworten versucht.[4]

1.1 Mises Einstellung zum Sozialismus

Ludwig von Mises erachtete den Sozialismus als eine auf einer Ideologie beruhende offizielle Meinung. Diese Ideologie bestünde zum Großteil aus der Abschaffung von privatem Eigentum an der Gesamtheit der Arbeitsmittel und der Arbeitsgegenstände. Er schreibt, dass es allgemeingültige Argumente seitens der Geschichtsschreibung gäbe, die einen Sozialismus im Staat zwingend notwendig machen würden. Diese Argumente versucht Mises zunächst in seinen Schriften zu widerlegen um anschließend einen Gegenvorschlag zu unterbreiten. Zunächst verknüpft er die

---

[2] Vgl. Pies (2009; S. III)
[3] Vgl. ebd. (2009; S. 3-4)
[4] Vgl. ebd. (S. 5)

Undurchführbarkeit des Sozialismus´ mit seiner These zu den wirtschaftlichen Gegebenheiten:[5]

Geht man von einer aktuellen Angebot- und Nachfragekurve aus, so findet sich das Gleichgewicht der subjektiven Wertschätzung und die damit verbundene Zahlungsbereitschaft des Grenznachfragers dort wieder, wo auch die subjektive Wertschätzung des Grenzanbieters und die damit verbundene Zahlungsforderung ist. Das Gleichgewicht sei in diesem Zusammenhang ein objektiver Preis. Diese sozialen Prozesse die bei einem Tauschprozess auftauchen, würden seines Erachtens durch die Abschaffung der Eigentumsrechte, also der Einführung eines sozialistischen Staates, entfallen. Ohne subjektive Wahrnehmung auf dem Wirtschaftsmarkt, gäbe es seines Erachtens auch keine zukunftsgerichteten Kalkulationsrechnungen mehr was zur Folge hätte, dass der Markt orientierungslos sei und nicht auf Veränderungen im Bereich Angebot und Nachfrage reagieren könnte.[6] (...) „Hieraus zieht er die Konsequenz, dass das sozialistische Programm im wörtlichen utopisch ist. Er hat in der Realität keinen Ort und ließe sich auf Erden nicht verwirklichen "[7].

Mises erwähnt des Weiteren zahlreiche Argumente, die eine Veränderung des Marktes ausgeschlossen machen, beispielsweise die Gefahr einer totalitären Marktwirtschaft. Aber nicht nur die Marktwirtschaft würde die Auswirkungen eines sozialistischen Staates spüren. Die Konsequenz wäre der Verlust geistiger Freiheit eines Jeden, Unterdrückung und den gesellschaftlichen Zerfall durch das Aufheben gemeinschaftlicher Arbeitsteilung[8]. Um diesem Trend-Gedanken seiner Zeit entgegenzuwirken entwickelte er auf wissenschaftlicher Basis seine Theorie über den Liberalismus.

1.2 Mises und der Liberalismus

In der Verschriftlichung Mises Theorie über eine Alternative im Liberalismus sei vorab zu erwähnen, dass sie geprägt wurde von damals aktuellen Gegebenheiten wie: Vermeidung von Krieg, seiner Zugehörigkeit der Österreichischen Schule der Nationalökonomie sowie seiner Staatszugehörigkeit und die dortige aktuelle Politik.

---

[5] Vgl. ebd. (S. 6)
[6] Vgl. Pies, (2009; S.8-9)
[7] Zitat: Pies (2009; S.8)
[8] Vgl. Pies, (2009; S.11)

Das Problem „Krieg und Frieden" sowie Vermeidung von Diskriminierung von Minderheiten sind Hauptbestandteil seiner Überlegungen.[9]

Ludwig von Mises ist der Überzeugung, dass alle Zivilisationserfolge des 19. Jahrhunderts auf die Anfänge des Liberalismus zurückzuführen sind (steigender Lebensstandard, Verlängerung der Lebenszeit, Rückgang der Kindersterblichkeit etc.). Die Gegenbewegung dessen sei der Grund für den entfachten Weltkrieg, die daraus resultierende Exportverringerung was Not und Elend zur Folge hatte. In seiner Theorie soll die Politik Ergebnis von wissenschaftlich fundiertem Wissen sein. Werturteile sollen im Sinne Max Webers ausgeschlossen werden. Der Liberalismus sei eine politische Richtung mit der das Wohl aller angestrebt werden soll. Er unterscheide sich dahingehend vom Sozialismus, dass er einen anderen Weg wählt um genau dieses Ziel zu erreichen. Zunächst erläutert er das Ziel als eine „gesellschaftliche Voraussetzung" die für alle Bürger geschaffen werden muss. Jene Voraussetzung muss die Möglichkeit geben, dass jeder Mensch seine eigene Vorstellung von einem glücklichen Leben realisieren kann. Dafür bedarf es einer wirtschaftspolitischen- und gesellschaftspolitischen Grundsatzerklärung. Diese begründet sich auf äußere Faktoren die so hingehend verändert werden müssen, dass eine Glückseligkeit für jeden Einzelnen gewährleistet ist[10]. Dazu gehört selbstredend die Erhaltung des Privateigentums an den Produktionsmitteln, jedoch soll diese Erhaltung auf das Gemeinwohl abzielen. Des Weiteren soll diese Bewahrung **kein** Ziel des Liberalismus sein sondern vielmehr einer der o.g. Wege, um das Ziel des Allgemeinwohls zu erlangen[11]

Mises selbst schreibt über den Liberalismus: „Er ist Ideologie, Lehre auf das Verhalten der Menschen in gesellschaftlichen Dingen. Er verspricht nichts, was über das hinausgeht, was in der Gesellschaft und durch die Gesellschaft geleistet werden kann. Er will den Menschen nur eines geben: friedliche, ungestörte Entwicklung des materiellen Wohlstandes für alle, um so von ihnen die äußeren Ursachen von Schmerz und Leid fernzuhalten, soweit das überhaupt in der Macht gesellschaftlicher Einrichtungen steht. Leid zu mindern, Freude zu mehren, das ist sein Ziel[12]".

Damit dieses Ziel erreicht werden kann, muss ein dauerhaft innerpolitischer Frieden herrschen. Der Staat darf keine Diskriminierung und Unterdrückung von Minderheiten dulden und keine Privilegien zulassen. Auch Außenpolitisch dürfe keine arbeitsteilige

---

[9] Vgl. ebd. (S. 16)
[10] Vgl. Pies (2009; S.17-18)
[11] Vgl. ebd. (S. 21)
[12] Zitat: Mises (1927; S.168) in Pies, (2009; S.21)

Zusammenarbeit durch gewaltsame Konflikte gestört oder verhindert werden. Diese soll vertraglich verpflichtend sein für alle die an der vorteilshaften Zusammenarbeit teilnehmen. Mises schreibt auch, dass die Einwanderungen und Auswanderungen der Bürger uneingeschränkt verlaufen sollen. Welche Grundideen seiner Methoden und Ansätze uns aus heutiger Sicht betreffen und lehrreich sind, kläre ich in Punkt 4.[13]

Ludwig von Mises überträgt seine Ansätze nicht nur auf wirtschaftliche-, gesellschaftliche und politische Doktrin sondern entwickelt auch eine Moraltheorie.

1.3 Der eudämonistischer Rationalismus

Ludwig von Mises hält den eudämonistischen Rationalismus für die geeignete Position um der sozialistischen Ethik entgegenzutreten. Das Wort „Eudämonie" steht hierbei für das Streben nach Glück und der Rationalismus für das Entscheiden von den richtigen Zielen und Mitteln. Die Vorgehensweise seiner Ethik sei darin beschaffen, die Gesellschaft als Koorperationsveranstaltung zu sehen. Das Individuum und die Gesellschaft sei seines Erachtens kein Gegensätzliches sondern es sei nur die Gesellschaft dazu in der Lage die individuellen Ziele verwirklichen zu lassen. Das Individuum muss so zunächst eine Rücksichtnahme gegenüber dem Bestand aufbringen um anschließend davon zu profitieren. Mises schreibt, dass man eine Handlung nicht als „schlecht" oder „gut" bezeichnen könne, man müsse erst das Ergebnis betrachten, auf das die Handlung des Individuums abzielt. So könnten sich seiner Auffassung nach nicht nur sozialtheoretische Dualismen zwischen Gesellschaft und Individuum auflösen sondern auch der Widerspruch zwischen Egoismus und Altruismus sowie Interessen und Pflicht.[14] Es sei gar nicht möglich, dass ein Individuum sich entscheiden müsste wem sein Handeln zu Gute kommt, es ist immer für beide Seiten ausschlaggebend. Zusätzlich schreibt er, dass „(...) alles, was der Aufrechterhaltung der Gesellschaftsordnung dient", (...) sittlich ist und „(...) alles, was sie schädigt, (...) unsittlich."[15]

Die tiefergehende Auseinandersetzung mit dieser Thematik würde den formal vorgegeben Rahmen bei weitem überschreiten, somit habe ich nur die meiner Meinung nach existenziellsten Sachverhalte der Moraltheorie erläutert.

---

[13] Vgl. Pies (2009; S.23-24)
[14] Vgl. Pies (2009; S.27)
[15] Zitat: Mises (1927; S.30)

1.4 Mises Methode: die Argumentationswissenschaft

Ludwig von Mises bearbeitet Problemstellungen mit einer sog. Argumentations-
wissenschaft. Zunächst einmal liegt sein Bestreben darin, das ordnungsgemäße
Ablaufen der Gesellschaft zu erklären, ohne dabei Metaphysische Phänomene mit
einzubeziehen. Sein wissenschaftliches Arbeiten bezieht sich darauf, nur dem
Erfahrbaren und Wahrnehmbaren Beachtung zu schenken. Des Weiteren versteht
Mises die Autonomie des Menschen als seine unausweichliche Bestimmung. Diese
Diagnose über die Gesellschaft und die Überlegungen, ob Religion, Gesetze und
Lehrmeinungen förderlich oder eben dem Liberalismus entgegenwirkend sind
beschäftigen ihn. Dieser Orientierungsschwierigkeiten der Gesellschaft, mit denen sich
Mises in seinen Schriften befasst kann in drei Problemsektoren unterteilt werden. Wie
die schon o.g. Fokussierungen von Mises beziehen sich auch seine
Problembearbeitungen auf die Wirtschaft (Auseinandersetzung um das
Eigentumsproblem), die Politik (Auseinandersetzung um das Befriedigungsproblem)
und im gesellschaftlichen Sinne das Familiensystem (Auseinandersetzung um das
Verhältnis der Geschlechter). Außerdem bezieht sich Mises in seiner
Argumentationswissenschaft auf psychologische Gegebenheiten, so vergleicht er das
zeitgenössische Stadium der Gesellschaftsentwicklung mit der Identitätskrise /
Selbstbewusstseinsbildung bei einem Individuum. [16]

Mises beschäftigt sich mit der geschlechtlichen Gleichberechtigung, insbesondere mit
den Vorteilen des emanzipatorischen Denkens und Handelns der Frauen. In diesem
Kontext betrachtet er auch wissenschaftlich das Verhältnis von Ehe und Wirtschaft.
Dieses wird ausführlich von ihm beschrieben und er schreibt, dass „auf keinem Gebiet
soziologischer Erkenntnis wird man mehr umlernen müssen als auf dem der Beziehung
zwischen Sexualleben und Eigentumsordnung."[17]

Ludwig von Mises möchte mit seinen Überlegungen gesellschaftspolitische
Schicksalsfragen beantworten und hat, laut Pies, eine grandiose Theorieleistung
vollbracht.

---

[16] Vgl. Pies (2009; S.30-31)
[17] Zitat: Mises (1922; S.92) in Pies (2009; S.35)

2. Der Ansatz von F.A. von Hayek / Einleitung

Um das Gedankengut F.A. von Hayeks zu verstehen sollte man sich seines Werdegangs und auch seiner Beziehung zu Ludwig von Mises bewusst werden. Hierzu einleitend ein paar Worte:

Geboren 1899, beginnt von Hayek seine wissenschaftliche Laufbahn in den 20ern des vergangenen Jahrhunderts. Eigentlich sozialistischer Gesinnung beginnt er als Schüler Mises Anfang der 1920er ebendiese Auffassung zu verwerfen und den Sozialismus in all seinen Strukturen und Ausprägungen argumentativ zu widerlegen. Er verfolgt ein interdisziplinäres Forschungsprogramm, welches eine umfassende Spannbreite aufzeigt.[18] Sein Gesamtwerk umfasst mehrere Schriften, u.a. „The Fatal Conceit"(1988), „Consitution of Liberty"(1960), „Freedom and the Economic System" (1939). Unter anderem werden ebendiese Schriften von mir angeführt, um von Hayeks Standpunkte zu verdeutlichen.

2.1   Hayeks Einstellung zum Sozialismus (Neu vs. Alt)

Von Hayek hat immer den Anspruch gehabt den Sozialismus argumentativ außer Gefecht zu setzen, s.h. oben. In dem Zeitraum der 1950er Jahre ändert sich auf Grund gegebener Umstände sein Argumentationsstrang dahingehend, dass Hayek zwischen dem Neuen und Alten Sozialismus unterscheiden muss. Kurz gefasst, wollte der „Alte Sozialismus" den Markt zugunsten zentraler Planung abschaffen. Soziale Gerechtigkeit wird hierbei mit einer kollektivistischen Methode angestrebt. Laut Hayek hat der „Neue Sozialismus" das Ziel, die soziale Gerechtigkeit durch eine Vielzahl von Eingriffen in eine grundsätzlich zu erhaltende Marktwirtschaft zu erreichen. Hayek entwickelt seine Argumente vom „Alten Sozialismus" nun weiter um der Positionsveränderung seiner Adressaten Genüge zu tun, aber nicht etwa, weil sich die Antworten seiner ursprünglich gestellten Fragestellung widerlegten, sondern, weil „etwa ab der Mitte des 20.Jahrhunderts eine neue Auseinandersetzung mit einer veränderten Frontstellung zu führen ist"[19]. Hier wird ersichtlich, dass sich von Hayek Konsequent seiner Linie treu bleibt, alle Schriften und seine Argumentation komplett auf seine Adressaten hin auszurichten. War die Debatte des „Alten Sozialismus" für Hayek noch als eine auf

---

[18] Vgl. Pies (2003; S.1)
[19] Zitat: Pies (2003; S.11)

Zweckmäßigkeit gerichtete Debatte zu führen und aufzubauen, wird die Debatte des „Neuen Sozialismus" von Hayek Wertedebatte geführt.

2.2   Hayek und der Liberalismus

Zunächst einmal sei zusagen, dass Friedrich von Hayek sich als klassischer Liberalist verstand. Teilweise fand ich in meinen Recherchen auch Bezeichnungen wie: Ordoliberalist oder Neoliberalist. In seinem rechtsphilosophischen Hauptwerk „Die Verfassung der Freiheit" versucht Hayek einem von ihm befürchteten demokratischen Totalitarismus zu verhindern. Er entwirft auf seiner liberalistischen Grundlage eine demokratische Verfassung und schreibt dazu in seinem Buch „Recht, Gesetz und Freiheit" detaillierte ökonomische, ethische und rechtspolitische Ansätze[20].

Die o.g. „Verfassung der Freiheit" befasst sich stark mit der persönlichen Freiheit, bei der das Privateigentum (bei dem es um den Besitz der eigenen Person handelt) geschützt werden muss. Hayek beschreibt die Marktwirtschaft als eine orientierungsbedürftige Ökonomie bei der der Staat eine Wächterrolle übernehmen soll. Die elementare Aufgabe des Staates sei es, als Bürge für: Ordnung, Freiheit, Eigentums- und Vertragsverhältnisse sowie den Wettbewerb zu stehen. Zu beachten sei allerdings, dass diese Kontrollierung des Staates minimalistisch gehalten werden soll. Es dürfen / sollen keine Distributionen von einem Individuum zum anderen vom Sozialstaat vollzogen werden. Außerdem dürfe sich der Nationalstaat nicht in die Produktionsverhältnisse zwischenschalten. Friedrich von Hayek vertritt den Ansatz, dass die politische Eigenständigkeit begrenzt werden müsse da es zu einem Ungleichgewicht zwischen den verschiedenen Freiheiten (die, der Demokratie und die, des Individuums) kommen kann[21]. Um die Freiheit im Allgemeinen und für jeden Einzelnen zu gewährleisten muss, nach Hayek, jeder verpflichtet werden eine gewisse Ordnung einzuhalten. Die Ordnung beziehe sich darauf, dass jeder Mensch frei handeln darf, bis zu dem Zeitpunkt wo er eines Anderen Freiheit bedroht oder zerstört. Um diese Freiheit zu garantieren, muss eine „Gleichheit vor dem Gesetz" herrschen. Er möchte mit weiteren Ideen zum „Funktionieren der Gesellschaft" die Marktwirtschaft verbessern und Interessengruppierungen weniger mächtig machen. Er ist ebenfalls auf den Minderheitenschutz bedacht und versucht die Freiheit des Einzelnen vor der

---

[20] Vgl. Hochreiter, (2006; S.1)
[21] Vgl. Niesen (2002; S.78-79)

gesellschaftlichen Mehrheit zu schützen.[22] In Bezug auf die Wirtschaft geht Hayek beispielsweise explizit auf die Gefahren von Monopolen ein. Hierbei müsste ein Diskriminierungsverbot ausgesprochen werden.[23] Weitere Punkte seiner Ansätze wäre die gesellschaftliche Grundsicherung (bspw. die Gesundheitsfürsorge) ebenfalls in die Hände der freien Marktwirtschaft zu legen, da die Freiheit der Bürger so eher gewährleistet werden könnte.[24] Auch hier ist eine tiefergehende Auseinandersetzung schwierig, da seine Thesen hochkomplex auf die gesellschaftlichen Gegebenheiten zugeschnitten sind. Einige o.g. Beispiele machen deutlich, dass es Hayeks leitender Gedanke ist, dass die Stärke des Staates für die freie Entfaltung des Individuums stehen sollte.

2.3 Hayeks Ethik: Moral und Vernunft

Bei Hayek korreliert bei jedem Individuum die Moral mit der Vernunft. Zu Beachten ist jedoch, dass bei Hayek ein doppelter Begriff der Vernunft, sowie ein doppelter Begriff der Moral erscheinen. Zuerst zu dem doppelten Begriff der Vernunft:

1. objektive Vernunft: realisiert sich in den produktiven Resultaten des Entdeckungsverfahrens Wettbewerb.

2. subjektive Vernunft: auf den Einsatz der „Vernunft der Subjekte" sollte, laut Hayek, grundlegend verzichtet werden.

Nun zu dem doppelten Begriff der Moral:

1. natürliche Moralvorstellungen: hierunter versteht Hayek die „alten" moralischen Werte wie zum Beispiel den Wert der Solidarität, welches auf das Ziel der Zivilisation intendiert.

2. unnatürliche Moralvorstellungen: an diesen Moralvorstellungen sollte man, laut Hayek, festhalten und sie auch weiterhin anwendbar erscheinen lassen.

Folgend ist es für Hayek vernünftig, dem Entdeckungsverfahren Wettbewerb eine Eigenständigkeit zu zuschreiben und diesem nicht durch Vorgaben reglementieren zu wollen. Zugrundeliegend für das, was Hayek als Vernunft ansieht, sollte man beachten, dass er es „pauschal als moralisch(er) erachtet, auf den Einsatz der subjektiven

---

[22] Vgl. Hayek (1991; S.39-40)
[23] Vgl. ebd. (1991; Kap. IX)
[24] Vgl. ebd. (1991; Kap. XIX)

(konstruktivistischen) Vernunft zu verzichten. Dadurch ist eine differenzierte Vernunftkritik gesellschaftlicher Verhältnisse – Kritik mittels Vernunft- nicht mehr möglich."[25]

2.4 Zusammenfassung Hayeks Thesen

Im Großen und Ganzen möchte Hayek der Wirtschaft „die Zügel abnehmen" so, dass sich eine s.g. spontane Ordnung bilden kann. Diese Ordnung ist so zu vollziehen, dass die Privatsphäre eines jeden Individuums geschützt wird. Sie unterliegt desweiteren keinem konkreten Zweck bzw. Ziel. Der Liberalismus und somit auch Hayek, will die Souveränität der Regierung auf Regeln beschränken. Ungleiche Güterverteilung ist, laut Hayek, als ein positives Merkmal anzusehen. Eine Festlegung angemessener Einkommen für die jeweiligen Gruppierungen zerstört, laut Hayek, die Marktordnung. Wenn die Regierung mit Hilfe von sogenannten Zwangsordnungen eingreift, muss sie in ihrer Intention von den drei Negativen bestimmt sein: Freiheit, Friede und Gerechtigkeit. Die Zwangsgewalt der Regierung darf nur Verbote erlassen, in Form von abstrakten Regeln, wenn die zu erhebenden Kosten für die nicht mit Zwangscharakter ausgestatteten Dienste den Bürgern durch die Regierung zu Gute kommen.[26]

3. Unterschiede & Gemeinsamkeiten – Einleitung

Wie in meiner Einleitung beschrieben, lässt sich deutlich erkennen, dass durch die Lehrer-/Schülerbeziehung viele Gemeinsamkeiten in ihren Theorien und Ansätzen wiederfinden. Nun in dem nachfolgenden Punkt gehe ich genauer auf die Gemeinsamkeiten beziehungsweise Unterschiede ein.

---

[25] Zitat: Pies/Leschke (2003;S.116-117)
[26] Vgl. Ganymed, Otto; Internetquelle 1

3.1 Gemeinsamkeiten/ Unterschiede bei von Mises und von Hayek

Beide sprechen bei dem wirtschaftlichen Markt von einem hochkomplexen Gegenstand, der durch viele verschiedene Faktoren beeinflusst wird und trotzdem letzten Endes in einem Gleichgewicht steht. Beide Autoren legen eine gewisse Ordnung für den Markt fest. Die Ökonomie ist ihres Erachtens zurück zuführen auf den individuellen Tauschprozess und nur aus diesem Prozess zu erklären. Der Unterschied hierbei legt sich auf den Aspekt des Leitprinzips des Individuums: Nach Hayek liegt die Betonung auf dem Aspekt des individuellen Wissenskapitals, besonders in der Thematik des gesellschaftlichen Miteinanders; bei Mises hingegen liegt die Betonung auf dem Aspekt des individuellen Autonomiegedankens. Zusammenfassend kann gesagt werden, dass bei Autoren in ihrer Betrachtungsweise und in ihrer Methodik das Individuum betrachten.[27] Bei beiden Autoren steht als oberste Prämisse die Freiheit: die Wirtschaftliche Freiheit und die Individuelle Freiheit. Ein gleichwertiges Grundprinzip ist die allgemeingültige Gerechtigkeit, die jedoch dahingehend eingeschränkt ist, dass sie nur durch die legislative Funktion des Staates durchgeführt werden kann. Dadurch ergibt sich eine bestimmte Wirtschafts- und Gesellschaftsordnung, welche im Resultat als gerecht angesehen werden muss. Der Wohlfahrtsstaat ist von daher für beide, Mises und Hayek, als nicht durchsetzbar anzusehen. Des Weiteren unterscheiden Hayek und Mises klar die staatlichen Eingriffsmöglichkeiten auf dem privatisierten Markt – es gibt keine![28] Der Staat fungiert als Wächter. Metaphorisch gesehen, also wie ein Polizist, der nur dann regelnd in den Straßenverkehr eingreift, wenn dieses, durch Verstöße der Straßenverkehrsteilnehmer, zwingend erforderlich ist. Weiter bekennen sich Mises und Hayek zwar zur Prämisse der Freiheit, allerdings sind ihre Begründungen der selbigen unterschiedlich, da sie begründend auf ihrer geisteswissenschaftlichen Fundierung ein unterschiedliches Menschenbild haben. So sagt Hayek beispielsweise, dass das Individuum fehlerbehaftet sei, und Mises stellt die Behauptung, dass das Individuum eine ausgeprägte Vernunft hat und hohe kognitive Fähigkeiten besitzt.[29]

Abschließend kann gesagt werden, dass beide die Demokratie als die Staatsform ansehen, die sich am geeignetsten mit den Vorstellungen der Marktwirtschaft überschneidet.

---

[27] Vgl. Kolev, Stefan (2011; S. 165-166)
[28] Vgl. ebd. (S.168)
[29] Vgl.ebd. (S.177)

4. Mises und Hayek Heute

Obwohl die Ansätze der beiden Autoren eher in den Zeitraum vom Anfang des 20. Jahrhunderts passen, ist natürlich die Überlegung nicht fern, zu hinterfragen, was aus heutiger Sicht im 21. Jahrhundert von Bedeutung ist. Welche Ansätze sind auf die heutige Zeit übertragbar – können wir daraus etwas lernen? (s.h. 4.1) Und: Ist die Funktionalität eines liberalistischen Staates geeignet? (s.h. 4.2)

4.1 Übertragbarkeit der Ansätze auf heutige Gegebenheiten – Die Lernfaktoren

Ingo Pies zeigt zunächst auf, was es schwierig macht Mises Erkenntnisse auf die heutige Zeit zu übertragen. Hierzu führt er drei Beispiele an:[30]

1. Die Einstellung Mises gegenüber der Makroökonomie. Diese wird von Mises als unwissenschaftlich und untragbar angesehen.[31] Heutzutage ist eine Nichtbetrachtung der Makroökonomie ausgeschlossen, da wir den internationalen Vergleich, die gesamtwirtschaftliche Entwicklung und die Rolle des Staates in der gesamtwirtschaftlichen Kohärenz benötigen.
2. Den Aspekt der mathematischen Formeln und grafischen Darstellungen spricht Mises dem Segment der Mikroökonomik ab.[32] Heutzutage wäre ein Ausschluss mathematischer Formeln sowie grafischer Darstellungen aus der Mikroökonomik gar nicht haltbar, da sich das Verhalten einzelner Wirtschaftsobjekte zum Beispiel mit dem Wirtschaftskreislauf grafisch darstellen lässt und mit Hilfe mathematischer Modelle berechnet werden **muss**.
3. Die Aufgabe von staatlicher Seite, benachteiligten Gruppierungen die Möglichkeit zu geben auf die existenzielle Chancengleichheit zu setzen, spricht Mises noch in den 1960er Jahren ab. Er ist ein Antagonist staatlicher Sozialpolitik.[33] Aus gegenwärtiger Sicht entspricht diese Einstellung Mises Blasphemie, da der Kern unserer demokratischen Verfassung eine staatliche Sozialpolitik vorsieht.

---

[30] Vgl. Pies (2009; S.4)
[31] Vgl. Mises (1978; S.36) in Pies (2009, S.4)
[32] Vgl. Mises (1978, S.36) in Pies (2009; S. 4)
[33] Vgl. die kritische Hayek-Rezension von Mises, (1960,2008; insbes. S114) in Pies (2009; S.4)

Nun zu Mises wegweisenden Ansichten, die es wert wären auf die heutige Zeit übertragen zu werden:

Sein methodologischer Konstruktivismus ist wegweisend und erstaunlich modern gehalten. Es geht hierbei darum, wie Mises seine Argumentationsstränge aufbaut. Hierfür bedarf es der Erkenntnis, dass das Inhaltliche teilweise im Kontext seiner Vita entstand und dadurch eine Allgemeingültigkeit über Jahrzehnte hinaus nicht gegeben sein kann, allerdings setzt seine Methodik und Herangehensweise eine Aktualität und Modernität voraus, die Ihresgleichen sucht.

Abschließend sei zu sagen, dass Mises als ein Avantgardist der ökonomischen Argumentationswissenschaft eine gute Theorieleistung vollbracht hat, von der man viel lernen kann.[34]

Hayeks Übertragbarkeit auf das 21. Jahrhundert ist, laut Pies, in drei Punkte einzuteilen: in die Diskursivität, Interdisziplinarität und Rationalität.[35]

1. Mit Diskursivität meint Hayek ein sogenanntes Forschungsprogramm, welches ein Regelsystem für argumentative Diskurse bietet. Dieses System wäre auf die heutigen politischen Diskussionen anwendbar und würde zur Aufklärung beitragen.[36]
2. Pies nennt ein weiteres Forschungsprogramm, welches fächerübergreifend auf die Gegenwart übertragen werden kann, um sozialstrukturelle beziehungsweise ökonomische Verhaltensweisen aufzeigen zu können. Als Disziplin nennt er wirtschaftliche, rechtliche, politische, kulturelle und moralische Aspekte.[37]
3. Laut Pies, liegt das eigentliche Vermächtnis Hayeks für den politischen Liberalismus darin, dass eine Diskussion durch „einen sozialen Prozess kritischer Argumentation" stattfinden soll, um dadurch von einer Wissenschaft in der Gesellschaft sprechen zu können.[38]

Des Weiteren empfinde ich als lehrreichen Ansatz, dass Hayek das Regierungsmonopol in Frage stellt. Welches mich gleichsam auf die Schwierigkeiten der Übertragbarkeit Hayeks bringt. Er vertritt die Auffassung, dass es besser wäre, die Sozialleistungen zu privatisieren. Zusätzlich bin der Auffassung, dass seine Ansätze des Demokratieverständnisses negativ sind, seine spontane Ordnungstheorie

---

[34] Vgl. Pies (2009; S.30)
[35] Vgl. Pies (2003; S.25)
[36] Vgl. ebd.(S.26)
[37] Vgl. ebd.
[38] Vgl. Pies ebd.

wiederrum zu utopisch ist. Da beide Autoren der österreichischen Schule angehören, ist dieses Argument auch auf beide übertragbar.

4.2 Beispiele für die Umsetzung des Liberalismus

Als Beispiel für eine negative liberalistische Maßnahme für hilfsbedürftige Volkswirtschaften möchte ich Russland und die ehemalige Sowjetunion anführen. Nach dem Zusammenbruch der Sowjetunion 1989 sollte die, im Vergleich zu anderen Staaten unterentwickelte Volkswirtschaft effizient und zügig wieder wettbewerbsfähig werden, um in den Kreislauf der Weltwirtschaft eingefügt zu werden. Mittel zum Zweck sollte hierbei, auf anraten des Internationalen Währungsfonds (IWF), ein „liberalistisches Rezept" sein. Nur Polen wiedersetzte sich und schlug einen langsameren Weg der Reformierung ein, der letzten Endes auch der bessere gewesen sein sollte.[39]

China hingegen widerstrebt der Gedanke einer Deregulierung der Wirtschaft und Liberalisierung des Finanzsektors. Nur der diplomatischen Notwendigkeit nach öffnete sich China teilweise und sehr begrenzt, um sich eine Eigenständigkeit zu erhalten und keine Abhängigkeit vom, zum Beispiel, IWF zu erlangen. China privatisiert schrittweise und öffnet seinen Kapitalmarkt nur sehr vorsichtig für ausländisches Kapital. Erfolgreich verlief die Dezentralisierung der politisch- ökonomischen Macht mit Hilfe des Subsidiaritätsprinzips von der Zentrale in Beijing hinzu mehr Autonomie für Chinas Gemeinden und Regionen.[40]

---

[39] Vgl. Weichhart, (Internetquelle 2)
[40] Vgl.ebd

Resümee

Abschließend zu meiner Seminararbeit muss ich anmerken, dass es mir teilweise sehr schwer fiel, die exorbitante Anzahl an literarischen Werken - sowie die Selektion der Schriften - der Autoren F.A. von Hayek und Ludwig von Mises so kurz zu fassen das alle, für mich und die Seminararbeit wichtigen Themen, trotzdem ausreichend Platz zur Erörterung fanden. Folgend wird, meines Erachtens nach, die Literatur zwar ausgiebig behandelt, allerdings ließe die Betrachtung jedes Autors genügend „Gesprächsstoff" für mindestens 2 weitere Seminararbeiten zu. Ebenso schwer fiel mir die Ausarbeitung der Beispiele (s.h. 4.2), da beide Autoren hochgradig interdisziplinär aktiv waren.

Letzten Endes ist mir aber die weitere Auseinandersetzung mit der, in der Seminararbeit behandelten Thematik und darüber hinaus, ein persönliches Anliegen, da es, wie ich finde, ein höchst interessantes Themenfeld darstellt, welches mir vorher so nicht bewusst war.

Literaturverzeichnis

(1)

Pies, Ingo (2009): Theoretische Grundlagen demokratischer Wirtschafts- und Gesellschaftspolitik – Der Ansatz von Ludwig von Mises, Diskussionspapier Nr. 2009-9 des Lehrstuhls für Wirtschaftsethik an der Martin-Luther-Universität Halle-Wittenberg, hrsg. Von Ingo Pies, Halle 2009

(2)

Mises, Ludwig von (1927): Liberalismus, Jena, Verlag von Gustav Fischer, PDF-Version von Gerhard Grasruck für www.mises.de

(3)

Hochreiter, Gregor (2006): Buchbesprechung – Der Weg zur Knechtschaft von Friedrich A. von Hayek, Alltach, 2006

(4)

Niesen, Peter (2002): Die politische Theorie des Libertarianismus. Robert Nozick und Friedrich A. von Hayek. In Dr. des. André Brodocz, Dr. Gary S. Schaal. Hrsg.: Politische Theorien der Gegenwart I. Opladen

(5)

Hayek, Friedrich A. von (1991): Die Verfassung der Freiheit, 3. Aufl., Tübingen

(6)

Pies, Ingo und Martin Leschke (2003): F.A. von Hayeks konstitutioneller Liberalismus; Konzept der Gesellschaftstheorie 9. Hrsg.: Ingo Pies und Martin Leschke, J.C.B. Mohr(Paul Siebeck),Tübingen

(7)

Kolev, Stefan (2011): Dissertationsschrift: Neoliberale Leitideen zum Staat- Die Rolle des Staates in der Wirtschaftspolitik im Werk von Walter Eucken, Friedrich August von Hayek, Ludwig von Mises und Wilhelm Röpke; Universität Hamburg- Fakultät Wirtschafts- und Sozialwissenschaften: Fachbereich Volkswirtschaftslehre (s.h.: ediss.sub.uni-hamburg.de/volltexte/2011/5361/pdf/dissertation.pdf)

(8)

Pies, Ingo (2003): Theoretische Grundlagen demokratischer Wirtschafts- und Gesellschaftspolitik – Der Beitrag F.A. von Hayeks; in Literatur WE 1 und SW11 Paket 2 von Hielscher, Stefan

Internetquellen: (Stand: 29.03.2012, 16:16 Uhr)

(1)

Ganymed, Otto: http://www.soz.ganymed.org/lva/freiheit/hayek.html

(2)

Weichhart,Peter:
http://homepage.univie.ac.at/peter.weichhart/LVs/Seminare/ArmutWS0607/Ref1Neolib
eralismusVers01.pdf